JO ELWORTHY

Illustrationen von Eleanor Taylor

ERBSE, APFEL, SONNENBLUME

Gärtnern mit Kindern

Aus dem Englischen
von Jorunn Wissmann

GERSTENBERG

eden project

INHALT

So bekommst du Pflanzen:

= aus Samen

= als Pflänzchen

= aus Zwiebeln

Tipps für den Anbau aller
Pflanzen findest du ab S. 56.

Auf jeder Seite ist ein
Rotkehlchen versteckt!

EINFÜHRUNG

Stell dir vor, du könntest auf einem Fleckchen Erde
alles aussäen, pflanzen und pflegen, was du möchtest.
In diesem Buch findest du viele wertvolle Tipps, die
dir helfen, einen schönen Garten anzulegen. Außer~
dem gibt es interessante Geschichten über die Pflanzen
und kleinen Tiere in deinem Garten zu entdecken.
Auf jeder Seite gibt es Dinge, die du tun kannst.

Bunte Blumen

Saftige Himbeeren

Duftende Kräuter

Knackige Karotten

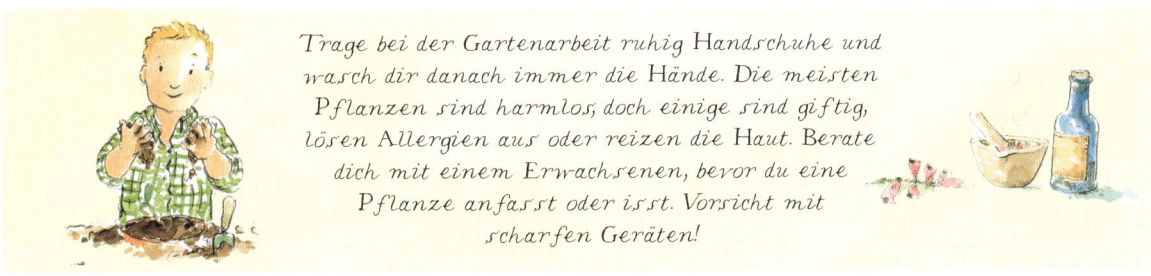

Trage bei der Gartenarbeit ruhig Handschuhe und
wasch dir danach immer die Hände. Die meisten
Pflanzen sind harmlos, doch einige sind giftig,
lösen Allergien aus oder reizen die Haut. Berate
dich mit einem Erwachsenen, bevor du eine
Pflanze anfasst oder isst. Vorsicht mit
scharfen Geräten!

WAS IST EIN GARTEN?

Ein *riesiger* Garten

Ein *winziger* Garten

Ein Garten ganz weit oben!

Ein Garten nur für dich ...

... oder ein Gemein~schaftsgarten

Ein Garten ganz weit weg

Du kannst deinen Garten überall anlegen
und brauchst dazu nicht einmal einen
Blumentopf!

Ein Garten auf
dem Lande

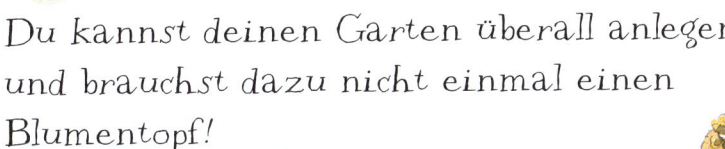

Ein Garten
mitten in der
Großstadt

In einem Garten kann man Hütten
und Baumhäuser bauen, picknicken,
leckeres Gemüse und Obst ernten
und hübsche Blumen ziehen.

5

WAS IST EINE PFLANZE?

Pflanzen versorgen uns mit Nahrung und Luft zum Atmen. Sie sind Lebewesen wie wir und atmen, essen und trinken ~ und sie wissen sogar, wann Schlafenszeit ist.

ATMEN, ESSEN UND TRINKEN?
Pflanzen haben in ihren Blättern winzige Löcher, durch die sie atmen. Und ihre Wurzeln saugen wie Strohhalme Wasser und Mineralien aus der Erde.

SONNENFÄNGER
Wirklich erstaunlich: Pflanzen verwandeln Sonnenstrahlen in Nahrung. Blätter sind natürliche Solarkraftwerke, in denen aus Sonnenlicht, Wasser und Kohlendioxid ein Zucker (der Energie liefert) und Sauerstoff entstehen.

Wir atmen Sauerstoff ein und Kohlendioxid aus. Pflanzen atmen Kohlendioxid ein und Sauerstoff aus. Perfekt!

SCHLAFENSZEIT?

Viele Blumen wie das Gänseblümchen öffnen ihre Blüten morgens und schließen sie am Abend.

Die Zwiebeln der Narzissen halten in der Erde Winterruhe und treiben im Frühling aus, wenn es wärmer wird.

IN DEINEM GARTEN

Die meisten Pflanzen lieben einen geschützten, sonnigen Standort. Du kannst ihnen beim Wachsen helfen, indem du sie bei Trockenheit gießt und ihnen etwas Dünger gibst. Alles Wissenswerte dazu findest du im kleinen Gartenratgeber auf S. 56.

7

DAS GARTENJAHR: FRÜHLING

März bis Mai

Die Tage werden wärmer und länger. Im Garten gibt es viel zu tun! Jetzt ist die Zeit, um Pflanzen zu säen.

ARBEITEN IM FRÜHLING

- Es gibt viel auszusäen, in Töpfchen oder direkt in die Erde.
- Auch das Unkrautjäten geht los. Siehe den Kalender auf S. 66.

FRÜHLINGSGERICHTE

- Kresse~Eierkopf (S. 20)

BAUEN

- Vogelscheuche (S. 45)
- Miniaturgarten (S. 52)

Bau~ und Arbeitsanlei~ tungen findest du auf den folgenden Seiten.

DAS GARTENJAHR: SOMMER

Juni bis August

Wie herrlich sind die langen, warmen Sommertage! Alles wächst wie verrückt. In dieser Zeit solltest du deine Pflanzen pflegen, Sommerfrüchte und ~gemüse essen und natürlich picknicken und spielen.

ARBEITEN IM SOMMER
- Viel auspflanzen und Unkraut jäten
- Pflanzen gießen, wenn es trocken ist
- Angebautes Obst und Gemüse ernten und essen. Siehe den Kalender auf S. 66.

SOMMERGERICHTE
- Pesto (S. 19)
- Tomatensoße (S. 33)

BAUEN UND MACHEN
- Eine Hütte und einen Talisman (S. 52–53)
- Potpourri (S. 41)
- Kuchen~Deko mit Roten Johannisbeeren (S. 36)

DAS GARTENJAHR: HERBST

September bis November

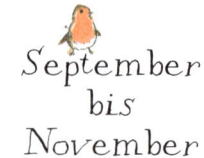

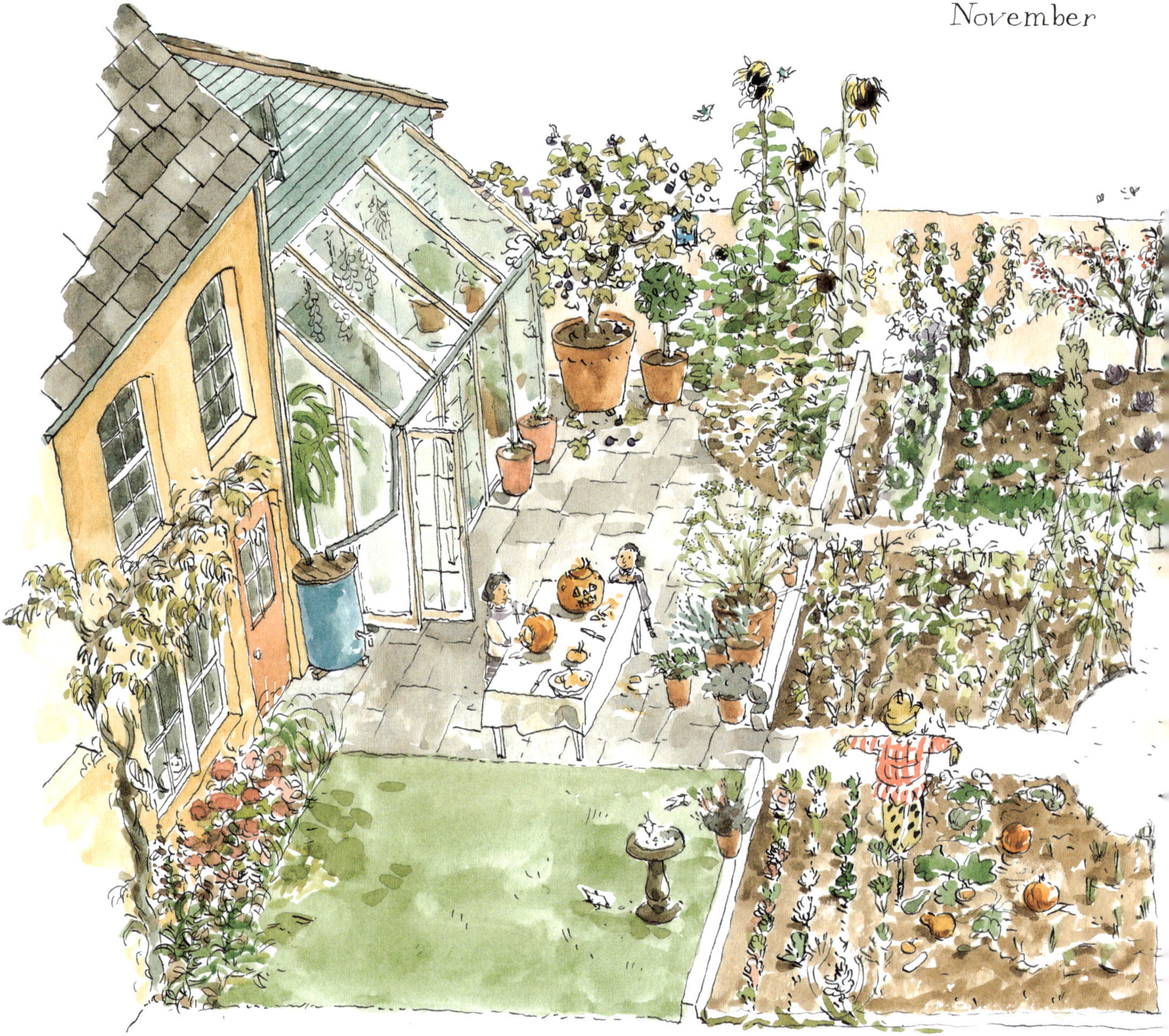

Die Tage werden kürzer, und manchmal liegt schon ein wenig Frost in der Luft. In dieser Jahreszeit kannst du leckeres Gemüse und Herbstfrüchte ernten.

ARBEITEN IM HERBST

- Aufräumen: Harke Laub zusammen und schneide mit der Hilfe eines Erwachsenen einige Pflanzen zurück.
- Bringe Kübelpflanzen ins Haus, die keinen Frost vertragen. Siehe den Kalender auf S. 66.

HERBSTGERICHTE

- Rote Bete mit Käsesoße (S. 31)
- Feigenschmaus (S. 39)

BAUEN UND BASTELN

- Halloweenkürbis (S. 28)
- Insektenhotel (S. 47)
- Apfelspiele (S. 38)

DAS GARTENJAHR: WINTER

Dezember bis Februar

An frostig kalten Wintertagen kannst du dich mit Gartenarbeit warmhalten und außerdem noch Wintergemüse ernten.

ARBEITEN IM WINTER
- Hilf einem Erwachsenen, die Obstbäume zu beschneiden.
- Bringe Kompost auf den Beeten aus und grabe ihn vorsichtig unter. Siehe den Kalender auf S. 66.

WINTERGERICHTE
- Lauch in Blätterteig (S. 27)
- Ofenkartoffeln
- Birnencrumble

BAUEN UND MACHEN
- „Farbzauber" (S. 23)
- Kartoffelstempel für Geschenkpapier (S. 30)
- Schatzsuche

KRÄUTER IM TOPF

Kräuter sind tolle Pflanzen für deinen neu angelegten Garten.
Sie sind hübsch, riechen gut und wachsen leicht im Topf. Sie dienen
zum Würzen von Speisen und sind oft auch sehr gesund.

ROSMARIN
Rosmarinus officinalis

Im 19. Jahrhundert steckten manche Leute
Rosmarin in den Griff ihres Spazierstocks.
Sein Duft sollte sie vor Krankheiten
schützen.

THYMIAN *Thymus vulgaris*

Die alten Griechen gaben Thymian~
blätter in ihr Badewasser. Es gibt
viele verschiedene Thymiane, wie
Zitronen~ oder Orangenthymian.

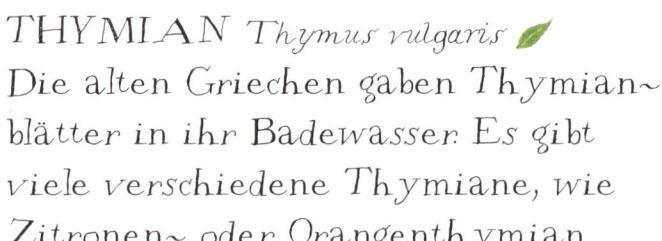

ECHTER LORBEER

Laurus nobilis

Lorbeer soll verdauungsfördernd wirken.
Ein mitgekochtes Lorbeerblatt gibt Eintopf
eine feine Note, aber iss es nicht mit.

MINZE Mentha spp.

Minzblätter ergeben einen leckeren Tee,
der mit ein bisschen Honig vielleicht noch
besser schmeckt.

*Viele Kräuter stammen aus warmen,
trockenen Gebieten und lieben darum
sonnige Plätze.*

17

KRÄUTER ZUM AUSSÄEN

DILL *Anethum graveolens*

Dill schmeckt gut und
hilft bei Bauchweh und
Schlafstörungen.

In Nordamerika kauten die
Kinder der Siedler wäh~
rend langer Gottesdienste oft
Dillsamen, um ihren Hunger
weniger zu spüren.

Dilltee hilft gegen
Magenbeschwerden.

Sein anisähnlicher Geschmack
passt prima zu Kartoffelbrei.

BASILIKUM

Ocimum basilicum Dieses Kraut stammt vermutlich aus Indien.

Vermehrung:
In einer Flasche mit Wasser treibt ein Stängel schnell Wurzeln. Im Frühling und Sommer kannst du ihn im Garten auspflanzen.

Schmeckt mit Tomaten und Mozzarella oder auf Pizza.

Basilikum braucht einen warmen Platz im Garten oder eine sonnige Fensterbank. Er verträgt keine Kälte.

Hübsch im Salat: rotblättriger Basilikum

So machst du ein Pesto:
Püriere mithilfe eines Erwachsenen Basilikumblätter, Pinienkerne, Knoblauch, Parmesan und Olivenöl. Das Pesto hält sich im Kühlschrank eine Woche. Gib einen Teelöffel davon auf einen Teller Nudeln ~ lecker!

GEMÜSE: BLATTGEMÜSE UND SALAT

Säe Salat und Spinat in Reihen,
in Töpfen oder vielleicht sogar in
einem alten Stiefel voller Erde aus.

KOPFSALAT

Lactuca sativa

„Mein kleiner Kopfsalat:
Die Blätter nehm ich mir.
Mein kleiner Kopfsalat:
Das Herz, das schenk ich Dir."

Das Innere eines
Salatkopfes
nennt man
das Herz.

SENFRAUKE

Eruca vesicaria

Rauke (auch Rucola) wächst
rasant ~ schon vier Wochen
nach dem Aussäen kannst
du sie essen.

GARTENKRESSE

Lepidium sativum und WEISSER
SENF *Sinapis alba*

Kresse~Eierkopf

Wasche die Schale eines gekochten
Eies aus, fülle sie mit Anzuchterde
und säe Kresse~ oder auch Senf~
samen hinein. Male ein
Gesicht auf die Schale.
Nach wenigen Wo~
chen hat der Eier~
kopf grüne „Haare".

Ein italienischer Salat aus
scharfer Rauke und saftigen
Orangenscheiben schmeckt
richtig lecker!

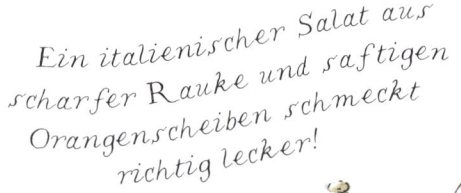

20

BUNTE TUPFER IM SALAT

Die Blüten der Kapuzinerkresse leuchten im Gemüsebeet, Topf oder Balkonkasten. Ihre Blütenblätter geben dem Salat eine scharfe Würze.

KAPUZINERKRESSE
Tropaeolum majus

Sie verdankt ihren deutschen Namen den Blüten, die an die Kapuzen der Kapuzinermönche erinnern. Blüten und Blätter sind essbar.

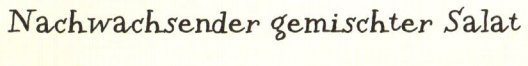

Nachwachsender gemischter Salat

AUSSÄEN	WACHSEN	SCHNEIDEN	NACHWACHSEN

Säe im Frühling und Sommer Samen aus.	Warte einige Wochen ab.	Bitte einen Erwach~senen, Blätter abzuschneiden.	Nach dem Schnitt wachsen die Pflan~zen wieder nach.

GEMÜSE: KOHL & CO.

Weißkohl, Rosenkohl, Brokkoli, Blumenkohl, Grün~
kohl, Mairübe, Steckrübe und Radieschen sind
allesamt miteinander verwandt: Sie riechen ein
bisschen nach Kohl und haben kleine runde Samen.

GRÜNKOHL
Brassica oleracea
Diese alte Kohlsorte schmeckt
in Milch gekocht besonders gut.

RADIESCHEN *Raphanus sativus*
Du kannst sie schon sechs Wochen nach der Aussaat
essen, am besten roh: köstlich knackig und scharf!

In der mexikanischen Stadt Oaxaca feiert man am 23. Dezember die Noche
de Rábanos („Nacht der Rettiche"). Dabei werden aus großen Rettichen
die schönsten Figuren geschnitzt und präsentiert.

BLUMENKOHL

Brassica oleracea
Seine grüne Variante nennt man
„Romanesco". „Blumenkohl ist nichts
weiter als Kohl mit Hochschulbildung."
(Mark Twain)

ROTKOHL

Brassica oleracea

Farbzauber
Bitte einen Erwachsenen, einen Rotkohl klein
zu schneiden und zu kochen. Hebe
das violette Kochwasser auf. Gib
erst Zitronensaft und dann Na~
tronpulver hinzu. Was passiert?

ACHTUNG: NICHT TRINKEN!

BROKKOLI *Brassica oleracea*

Sein italienischer Name bedeutet
„kleiner Sprossenkohl". Du kannst die
gedünsteten Röschen in einen Teller
Kartoffelbrei stecken, das sieht aus
wie ein Hügel mit Bäumchen
darauf. So schmeckt das Gemüse
besonders gut!

GEMÜSE: BOHNEN UND ERBSEN

FEUERBOHNE *Phaseolus coccineus*
Aussaat Mai bis Juni, Ernte August bis
Oktober. Im Märchen von Hans und der
Bohnenranke wächst diese bis in den Him~
mel hinein. Wie groß wird wohl deine?

NAHRUNG AUS DER LUFT
In den Wurzelknöllchen von Erbsen
und Bohnen leben hilfsbereite
Bakterien, die aus Luftstickstoff
Dünger machen. Diese Pflanzen
tun dem Boden wirklich gut.

GARTENBOHNE *Phaseolus vulgaris*
Sie stammt nicht aus Europa, sondern aus
Amerika. Die spanischen Eroberer brachten
sie von dort mit zu uns. Lecker: gedünstete
Bohnen mit Tomatenstückchen.

ERBSE *Pisum sativum*

Es gibt grüne, violette, große und kleine Erbsensorten. Die Zuckererbsen isst man mitsamt der Hülse.

Stangenbohnen und Erbsen ranken gern an Stäben empor.

So entsteht eine prima Höhle!

MUNGBOHNE *Vigna radiata*

Bohnensprossen selber ziehen: Gib Mung~ bohnen mit Wasser in ein mit Gaze abgedecktes Glas und seihe sie nach drei Stunden wieder ab. Spüle die Bohnen nun täglich mit sauberem Wasser. Köstlich im Salat und in der Gemüsepfanne!

VORSICHT!

Manche Verwandte von Erbsen und Bohnen, wie Platterbsen und Goldregen, sind sehr giftig. Iss sie niemals! Erfreue dich einfach an ihren hübschen Blüten.

GEMÜSE: ZWIEBELGEMÜSE

ZWIEBEL *Allium cepa*

Röstzwiebeln schmecken gut zu Pellkartoffeln oder Hotdogs. Über~
lasse das Kleinschneiden (dabei tränen oft die Augen, also halte ein
Taschentuch bereit) und Braten einem Erwachsenen.

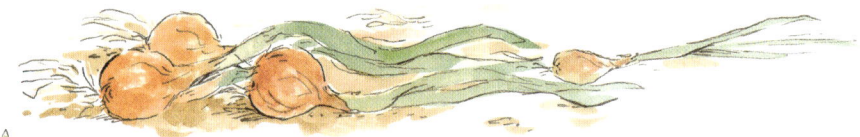

Im Frühling gepflanzte
Steckzwiebeln bringen im
Herbst reiche Ernte.

KNOBLAUCH

Allium sativum
In Gruselgeschichten heißt es,
er halte Vampire fern.

Kräftig: Pflanze im
Frühling eine Knoblauch~
zehe ein, dann kannst
du im Spätsommer eine
ganze Knolle ernten.

Gesund: Die alten Ägypter
gaben den Sklaven, die die
Pyramiden bauten, Knoblauch,
damit sie gesund blieben.

LAUCH *Allium porrum*

Der Lauch (auch Porree genannt) bildet keine
Zwiebeln. Der römische Kaiser Nero soll gern Lauchsuppe
gegessen haben.

Aussaat im März/April.
Sind die Pflänzchen im Mai/Juni groß genug,
setze sie mithilfe eines Pikierstabes ins
vorbereitete Beet.

In England gibt es Lauch~Weltmeis~
terschaften mit Preisen von über
1000 Euro. Mancher Gewinner soll
seine Lauchstangen vor
dem Wettkampf im
Schaumbad geputzt haben!

SCHNITTLAUCH

Allium schoenoprasum
Die hübschen lila
Blüten und die Blätter
passen gut zu Salaten.

Köstliches Abendessen
Lecker: Lauch in Blätterteig
gewickelt und im Ofen gebacken.
Dazu schmeckt Käsesoße.

27

GEMÜSE: KÜRBISSE Mal groß, mal klein

RIESENKÜRBIS  *Cucurbita maxima*

Im Märchen von Cinderella (Aschenputtel) zaubert die Tante, eine Fee, aus einem Kürbis und Mäusen eine prachtvolle Kutsche.

*Kaum zu glauben:
Kürbisfrüchte zählen
zu den Beeren!*

Halloweenkürbis

Entferne mit einem Erwachsenen die Samen und einen Teil des Fruchtfleisches und schneide ein Gesicht hinein. Mit einer Kerze im Inneren wird daraus eine schöne Laterne. Das Kürbisfleisch ergibt eine leckere Suppe.

KÜRBISSE *Cucurbita spp.*

Kürbisse stammen aus Amerika und sind heute weltweit beliebt. Gebacken schmecken sie süß und aromatisch. Es gibt sie in vielen Formen und Farben:

GARTENKÜRBIS

Cucurbita pepo ❧ Zucchini sind eine Form des Gartenkürbisses.

Mitwachsende Buchstaben
Ritze mit der Hilfe eines Erwachsenen deinen Namen oder ein Bild in die Schale eines noch kleinen Zucchino und schau, was passiert!

Lecker! Mit Käse bestreut auf dem Grill

GEMÜSE: UNTERIRDISCHES

KARTOFFEL  *Solanum tuberosum*

Neben Weizen, Reis und Mais eine der wichtigsten Nahrungspflanzen der Erde. Schmeckt gekocht, gebraten, gerieben oder als Brei.

Kartoffelstempel
Schneide mit einem Erwach~senen Kartoffeln durch und schnitze Muster hinein. Einfach in Farbe tauchen und losstempeln! Mit Textilfarbe kannst du so ein T~Shirt gestalten.

Selber anbauen:

Frühjahr	Spätfrühling	Frühsommer	Spätsommer

Stelle Setzkartof~feln einige Wochen in einen warmen, hellen Raum, bis sich Triebe bilden.

Setze die Kar~toffeln im Beet in eine Rinne mit Kompost und bede~cke sie mit Erde.

Häufele regelmäßig Erde an die wach~senden Pflanzen.

Endlich Erntezeit!

ACHTUNG! Grüne Kartoffeln sind giftig. Lagere Kartoffeln immer dunkel, damit sie nicht grün werden.

KAROTTE — *Daucus carota*

- Roh knackig~saftig, gekocht süß und mild
- Lecker in Kuchen und als Eintopf
- Es gibt weiße, violette und orangefarbene Karotten.
- Früher diente Karottengrün als Hutschmuck.

Tipp: Die Larven der Möhren~
fliege fressen Löcher in Karotten.
Pflanze Zwiebeln daneben, das
schreckt sie ab.

ROTE BETE *Beta vulgaris*

- Im Ofen wie Kartoffeln zuzubereiten
- Oder gekocht und dazu Käsesoße ~ diese wird rosa!
- Borschtsch: Rote~Bete~Eintopf mit saurer Sahne

Tipps:
- Gieße Karotten und Rote Bete bei großer Trockenheit.
- Wenig Platz? Pflanze sie in Kübeln oder Erdsäcken an.

GEMÜSE: DER GESCHMACK DES SOMMERS

ZUCKERMAIS *Zea mays*

Merkwürdig: Beim Mais wirft man das Äußere weg und kocht das Innere. Davon isst man dann das Äußere und wirft das Innere weg!

Mache eigenes Popcorn!

Gegrillte Maiskolben

Schon vor 6000 Jahren aß man in Mexiko und Peru Mais. Man baute ihn zusammen mit Kürbis und Bohnen als „die drei Schwestern" an.

Tipp: Pflanze mehrere Reihen dicht nebeneinander. Die Pflanzen sind Windbestäuber und können so mehr Pollen einfangen.

TOMATE *Solanum lycopersicum*
Europäische Entdecker brachten die Tomate im 16. Jahr~
hundert aus Mexiko mit. Anfangs hielt man sie als
Zierpflanze, weil sie als hochgiftig galt. Heute essen wir
sie im Salat, als Suppe, zu Nudeln und auf der Pizza.

Selbst gemachte Tomatensoße Mit der Hilfe eines
Erwachsenen Knoblauch und Sellerie hacken, in
Olivenöl anbraten. Tomaten in Stückchen dazugeben und
zehn Minuten kochen. Mit etwas Salz, Pfeffer, brau~
nem Zucker und Essig würzen und fein pürieren.

Wenn das kein Traumpaar ist:
reife Tomate und köstliches Dressing.

Pflege der Tomatenpflanzen

Kneife regel~
mäßig die Ach~
seltriebe ab.

Schüttle die blühenden
Pflanzen sanft, das
fördert die Befruchtung.

Dünge nach Packungs~
anleitung mit Toma~
tendünger. Ernte die
reifen Tomaten.

33

BEERENOBST
Köstlich und voller gesunder Vitamine

ERDBEERE *Fragaria ananassa*
Welche Frucht trägt ihre Samen an der
Außenseite? Die Erdbeere.

WINTER: *Pflanze sie in Komposterde
in einen Kübel oder draußen ins Beet. Gib den
Pflanzen jedes Jahr frischen Kompost.*

FRÜHLING: *Die
Erdbeeren blühen.*

SOMMER: *Genieße die leckeren Früchte.*

HERBST: *Pflanze die
Ausläufer in Reihen
oder Töpfe: noch mehr
Erdbeeren!*

Erdbeerspieße
*Stecke Erdbeeren auf einen Spieß und
friere sie ein. Lecker als Erfrischung
an heißen Tagen!*

34

HIMBEERE *Rubus idaeus*

Zauberstab: Wer verwandelt Gartenkompost in köstliche rote Früchte?
Eine Himbeerrute!

WINTER: *Pflanze Himbeer~
ruten in kompostreiche Erde.*

FRÜHLING *und* SOMMER:
Lasse sie wachsen.

HERBST: *Ernte schmack~
hafte Himbeeren.*

WINTER: *Bitte einen Erwach~
senen, die Ruten bis kurz über
dem Boden zurückzuschneiden.
Dünge mit Kompost.*

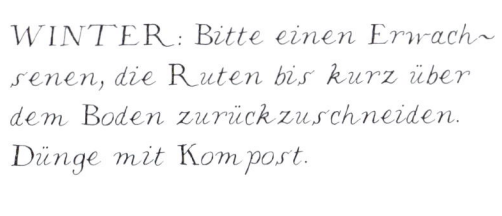

Leckere Himbeercreme
Zutaten:
2 Tassen Himbeeren, verrührt mit ¼ Tasse Zucker
1 Tasse Crème double, verrührt mit ¼ Tasse Zucker
Vermischen und vor dem Essen einige Stunden kühlen.

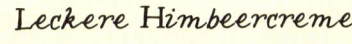
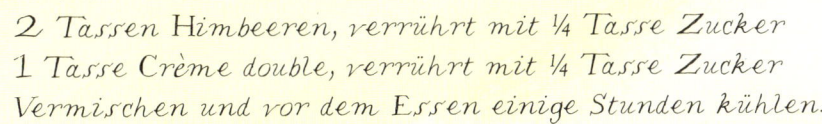

STACHELBEERE  *Ribes uva-crispa*

In England heißt die Stachelbeere „Gänsebeere" –
warum, kann niemand so genau sagen. Woher
sie ihren deutschen Namen hat, ist dagegen klar:
Sie verdankt ihn ihren spitzen Dornen!

ROTE JOHANNISBEERE  *Ribes rubrum*

Kuchen-Deko Tauche saubere Beeren
in leicht geschlagenes Eiklar und wälze
sie in Zucker. So schmecken sie süßer
und sehen aus wie gefroren.

Kräftig schneiden

Bitte einen Erwachsenen, dir im Winter beim Zurückschneiden
deiner Beerenbüsche zu helfen. Sie tragen dann mehr Früchte.
- Schneide einige innere Zweige gegen zu dichten Wuchs.
- Kürze einige äußere Zweige um etwa ein Drittel.

SCHWARZE JOHANNISBEERE

Ribes nigrum

Im Zweiten Weltkrieg gab es kaum Orangen. Man baute daher Schwarze Johannisbeeren an, um sich mit Vitamin C zu versorgen. Kleinkinder bekamen in England Schwarzen Johannisbeersirup.

Schwarzer Johannisbeersirup

2 Tassen Schwarze Johannisbeeren
½ Tasse Zucker
1 Tasse Wasser,
Saft einer Zitrone
Alles kochen, nach dem Abkühlen durch ein Sieb streichen und den Sirup im Kühlschrank aufbewahren.

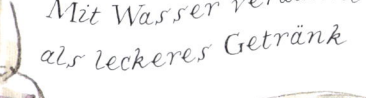

Mit Wasser verdünnt als leckeres Getränk

Als Soße über Eis

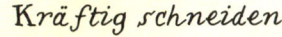

Kräftig schneiden

Jedes Jahr sollte ein Erwachsener ein Drittel vom Altholz deines Johannisbeerbusches komplett zurückschneiden.

FRÜCHTE VOM BAUM

APFEL *Malus domestica*
Auf Obstwiesen stehen oft
große, alte Apfelbäume. In klei~
nen Gärten sieht man manch~
mal am Spalier gezogene Bäume.
Es gibt sogar Minibäumchen, die
im Kübel wachsen ~ also findet
man für jede Gartengröße den
passenden Baum!

Ein englisches Sprich~
wort lautet: „Ein Apfel
am Tag erspart dir
den Arzt." Äpfel sind
gesund. Putze trotz~
dem nach dem Essen
deine Zähne, denn sie
enthalten auch viel
Zucker.

Partyspiel mit Äpfeln
Hänge Äpfel an langen Bindfäden an einem Ast auf.
Könnt ihr sie essen, ohne die Hände zu benutzen?

38

PFLAUME *Prunus domestica* 🌿

Pflaumen und Kirschen begrüßen den Frühling
im Obstgarten oft als Erste mit ihren Blüten,
sehr zur Freude der Bienen. Diese ernähren
sich vom Nektar und bestäuben die Blüten. Aus der
Mitte der Blüte entwickelt sich dann die Frucht.

Setze deine
Feige in einen
Kübel. Sind im
Herbst die Blätter
abgefallen, bringe
sie zum Überwintern
dunkel und frostfrei unter.

FEIGE 🌿
Ficus carica

Griechische Athleten aßen
viele Feigen. Sie glaubten, dadurch
schneller zu werden.

Feigenschmaus Bitte einen Erwachsenen, Feigen
entzweizuschneiden, bestreiche sie mit Olivenöl und
Honig und gare alles im Ofen, bis es Blasen schlägt.
Abkühlen lassen. Köstlich zu Eis!

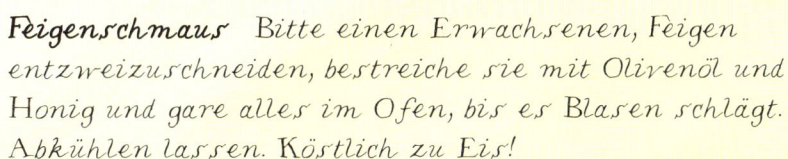

39

BLUMEN MACHEN FREUDE

Sommerblüten: SONNENBLUME *Helianthus annuus*
Aussaat im Frühling. Wer bekommt die höchste? Ein
Mann zog 2014 bei Düsseldorf eine 9,17 Meter hohe
Sonnenblume!

Herbstblüten: GELENKBLUME
Physostegia virginiana
Die einzelnen Blüten dieser Pflanze
lassen sich in eine Richtung drehen
und bleiben dann so stehen.

Frühlingsblüten:
TRÄNENDES HERZ
Lamprocapnos spectabilis
Umgedreht ähneln die Blüten einem
Männchen in der Wanne.

NARZISSE
Narcissus spp.
Viele Zwiebelblumen blühen, noch bevor die
Bäume Blätter treiben und Schatten werfen.

Selbst gemachtes Potpourri

Raumduft aus selbst geschnittenen und getrockneten
Blüten, Blättern und Schalen

Rose

Lavendel

Rosmarin

Orange und
Zitrone

Majoran

Wald~Geißblatt

So geht's:

- Zutaten in einem warmen Raum auf einem Tablett
  trocknen, bis sie spröde sind
- In eine Schale füllen oder im Stoffbeutel verschenken

Du kannst auch zerkleinerte Veilchenwurzel oder ein paar
Tropfen Rosen~ oder Lavendel~Duftöl kaufen und hinzugeben.
Beides lässt das Potpourri länger duften.

UNKRAUT? WER SAGT DAS?

Unkräuter sind einfach sehr zähe Wildpflanzen,
die an der falschen Stelle wachsen.

LÖWENZAHN *Taraxacum officinale*
Seine Samen haben zarte „Fallschirme" und
fliegen oft kilometerweit mit dem Wind.

Pusteblume
Wie oft musst du pusten,
bis alle Samen
weggeflogen sind? Wie weit
fliegen sie?

STUMPFBLÄTT~
RIGER AMPFER
Rumex obtusifolius
Selbst ein ausgedörrtes
Wurzelstückchen kann
wieder zu einer ganzen
Pflanze heranwachsen.

VOGELMIERE *Stellaria media*
Jede Pflanze bildet etwa 2'500
Samen, die in sieben Wochen zu
einer neuen Pflanze heranwachsen
können. Eine Pflanze könnte im
Jahr also 15' Milliarden Nachkom~
men hervorbringen!

Gärtner wollen Unkraut gern loswerden, denn es wett~
eifert mit den anderen Pflanzen um Wasser, Licht und
Nährstoffe.

JÄTEN
Jäte Unkraut gründlich aus,
bevor es sich aussamt, denn „ein
Jahr Saat, sieben Jahr Plag"'!

HACKEN, hacken, hacken
Hacke an trockenen
Tagen das Unkraut
zwischen den
Gemüsereihen.

MULCHEN
Verteile Stroh oder Rindenmulch
unter Bäumen und Büschen ~
ohne Licht kein Unkraut.

FREUND ODER FEIND?

Dein Garten ist dein privater Safaripark. Sieh genau hin, hier leben „gefährliche Tiere"!

Diese „Räuber" fressen die Schädlinge auf deinen Pflanzen:

MARIENKÄFER
Die Käfer und ihre Larven fressen Blattläuse.

SCHWEBFLIEGENLARVEN
Schwebfliegenlarven fressen Blattläuse, die erwachsenen Tiere saugen Nektar. Locke sie mit gelben Blüten an.

Kröten und Igel fressen Schnecken.

Fast alle Gartenvögel fressen Raupen.

Diese Schädlinge fressen oder schädigen deine Pflanzen:

BLATT~LÄUSE

Sie saugen Pflanzensaft und schwächen die Pflanzen.

KOHLWEISSLING

Die Raupen dieses Schmetterlings fressen Kohl.

NACKTSCHNECKEN ...

... knabbern an deinen Pflanzen. Fange sie unter halbierten Grapefruits.

Eine Vogelscheuche bauen

Sie verscheucht Vögel, die auf dem Gemüsebeet scharren oder fressen wollen.

1. Baue aus Stäben und Bindfaden ein Gestell.
2. Stopfe als Kopf ein altes Strumpfhosenbein mit Stroh oder Blättern aus.
3. Dazu kommt alte Kleidung, ebenfalls ausgestopft.

45

WILDES LEBEN IM GARTEN

Zwischen immer mehr Häusern und Straßen hat
die Natur kaum noch Platz. In einem naturnahen Garten
aber finden Wildtiere Nahrung und Unterschlupf.

SONNEN · BLUME
Helianthus annuus
Samen für Vögel

LAVENDEL
Lavandula spp. Nektar für
Schmetterlinge und Bienen

GEISSBLATT
Lonicera spp.
Nektar für Tag~
und Nachtfalter,
Beeren für Vögel

THYMIAN
Thymus spp.
Nektar für Bienen,
Unterschlupf für
Insekten

FETTHENNE
Sedum spp.
Im Herbst Nektar für
Tagfalter, Bienen
und Schwebfliegen

Alle Bäume, Büsche, Gräser und Blumen in deinem Garten bieten Tieren Unterschlupf. Doch du kannst noch mehr tun:

Ein Insektenhotel bauen

Baue es aus Schilfhalmen, Holzscheiben mit Löchern darin und mit Schilfhalmen gefüllten Hohlziegeln. Es sollte viele unterschiedliche Ritzen und Löcher haben. Du findest auf den Internetseiten von Naturschutzorganisationen wie NABU und BUND praktische Anleitungen.

Und hier die Gästeliste:

- überwinternde Marienkäfer und Florfliegen
- Blattschneiderbienen, die einen Nistplatz suchen
- Laufkäfer, die dunkle Schlupflöcher in Holz mögen
- Spinnen, die ihr Netz spinnen wollen
- Asseln, die ein feuchtes Plätzchen lieben
- Asseln fressende Spinnen gleich nebenan

GARTENVÖGEL

Welche Vogelarten entdeckst du in deinem Garten?

Haussperling

Amsel

Kohlmeise

Star

Ringeltaube

Buchfink

Türkentaube

Blaumeise

Rotkehlchen

Beobachtungsliste
Notiere dir, welche Vögel du siehst. Manche Leute machen das jedes Jahr. So kann man nachvollziehen, welche Arten sich ausbreiten und welche seltener werden.

BIENEN

Pflanzen bewegen sich kaum, darum brauchen sie Bestäu~ber wie die Bienen, die Pollen von einer Blüte zur anderen bringen. Diese werden so befruchtet und können Samen und Früchte bilden.

Viele Blüten bilden süßen Nektar als Lohn für die Bienen. Diese machen daraus Honig. Bienen verhelfen uns also nicht nur zu Honig, sondern auch zu Äpfeln!

SAFTMALE

Manche Blüten haben spezielle Markierungen, welche die Biene zu Pollen und Nektar leiten. Bienen sehen anders als wir:

Wir sehen eine
Nachtkerzenblüte so:

Bienen sehen sie so:

SCHMETTERLINGE

Wer flattert da durch deinen Garten?

Kleiner Fuchs

Admiral

Kleiner Kohlweißling

C~Falter

Tagpfauen~auge

Großer Kohl~weißling

Entdeckst du noch mehr?

Es gibt auch viele Nachtfalter. Raupen des Weinschwärmers fressen Weidenröschen, erwachsene Falter saugen Nektar vom Geißblatt.

PFLANZEN IN AKTION

Manche Pflanzen können sich bewegen …
naja, ein bisschen.

VENUSFLIEGENFALLE

Dionaea muscipula

Sie wächst auf nährstoffarmem Boden und
braucht gehaltvolle Nahrung: Fleisch!

Sie kann auch zählen: Krabbelt eine Fliege hinein und
berührt eine Borste, passiert nichts. Berührt sie aber
innerhalb von 20 Sekunden eine zweite Borste, schnappt
die Falle zu.

MIMOSE *Mimosa pudica*

Berührt man die Blätter, schließen sie sich.
Warum? Vielleicht, um nicht gefressen zu
werden. Nach einer halben Stunde gehen
sie wieder auf.

*Beide hier genannten Pflanzen
können im Topf auf einer
sonnigen Fensterbank stehen. Gehe
sanft mit ihnen um. Bei zu vielen
Berührungen nehmen sie Schaden.*

MODELLE UND SPIELE

Einen Miniaturgarten bauen

Plane deinen Traumgarten zunächst
auf einem Tablett oder in einem
Karton. Tipps:

- Kleine Zweige dienen als
  Bäumchen.
- Blüten stellen blühende
  Büsche dar.
- Abgemähtes Gras ergibt eine
  kleine Rasenfläche.

Einen Talisman basteln

Forme aus feuchter Erde eine Kugel
und gib ihr mit Zweigen, Federn und
Blüten ein Gesicht. Beim Eden Project
im englischen Cornwall hängen wir
solche Zauberwesen als Glücksbringer
vor unsere Hütten.

Eine Hütte bauen

Tipps:

- Bambusstäbe, Äste, Schnüre, alte Laken, Wäscheklammern und große Kartons sind gutes Baumaterial.
- Vorsicht, pikse dich nicht mit Ästen oder Stäben ins Auge!
- Dreibeine aus Stangen machen Hütten stabil.
- Stecke frische Weiden~ äste in den Boden ~ sie schlagen Wurzeln und bilden eine lebende Hütte.

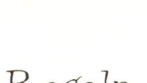

Regeln:

- Nimm Rücksicht auf die Natur und beschädige keine lebenden Pflanzen.
- Alle Materialen wieder wegräumen!

Psst!
Wenn du ganz still dasitzt, kannst du die Tiere im Garten beobachten.

GROSSES SOMMERPICKNICK

Ein warmer, sonniger Tag ist genau richtig zum Feiern
und Faulenzen mit deinen Freunden ~ natürlich mit einem
köstlichen Picknick. Welches Obst und Gemüse stammt
aus dem Garten?

DEIN KLEINER GARTENRATGEBER

DER ANFANG

Schreibe dir auf, was du anpflanzen willst.
Versuche nicht alles auf einmal ~ nächstes Jahr
ist auch noch Zeit! Zeichne einen Gartenplan
und prüfe, wo dein Grundstück sonnig, schattig,
trocken oder feucht ist ... Viele Pflanzen haben
bestimmte Vorlieben.

DAS RICHTIGE WERKZEUG

Spaten: zum Aus~
und Umgraben

Hacke: zum
Unkrauthacken

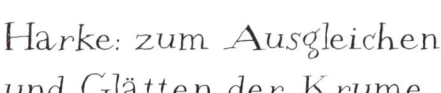

Grabegabel: zum
Graben in lockerem
Boden und Jäten

Harke: zum Ausgleichen
und Glätten der Krume

Pflanzschaufel: für
kleine Grabearbeiten

GEMEINSAM GEHT VIELES BESSER

Man kann immer wieder Neues lernen! Frage deine Eltern, Groß~
eltern und gärtnernde Nachbarn, die du gut kennst, um Rat.
Habt ihr einen Schulgarten? Wenn nicht, können du und deine
Freunde den Lehrern vielleicht beim Anlegen helfen.

Bitte einen Erwachsenen, herauszufinden, ob es in eurer Gegend einen
Gemeinschaftsgarten gibt, in dem ihr zusammen gärtnern könnt.

WAS DER BODEN DIR VERRÄT

Ein Zuhause für
viele Lebewesen

Würmer

Pilze

Asseln

Bakterien

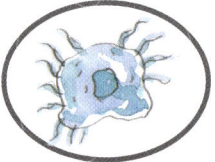

Winzig: Sieben Milli~
arden Bakterien
hätten auf einem
Stecknadelkopf Platz!

Wurzeln verankern
die Pflanzen im Boden
und nehmen Nähr~
stoffe (Mineralien)
und Wasser auf. Die
Erde gibt Pflanzen
Halt und Nahrung.

Der beste Gartentipp von allen: Pflege den Boden, dann sorgt er gut für deine Pflanzen und sie werden groß und kräftig.

Erdboden (Humus) enthält Sand, Schluff und Ton, organische Stoffe sowie Bodenlebewesen, Hohlräume mit Wasser und Luft und Nährstoffe. Er ist eine riesige Vorratskammer!

Bodenlebewesen, unsere heimlichen Helfer, fressen organische Abfälle, machen daraus Nährstoffe und lockern den Boden.

DIE PFLEGE DES BODENS

Ein guter Gärtner pflegt seinen Boden sehr sorgfältig:

NÄHRSTOFFE
Er gibt ihm Nahrung in Form von
Dünger und Kompost.

WASSER
Er wässert ihn, wenn
es sehr trocken ist.

UMGRABEN
Er gräbt ihn zum
Winter hin um, wenn
der Boden sehr schwer
ist. Der Frost macht
die Erde dann fein~
krümeliger.

60

SCHUTZ

Er schützt ihn mit Pflanzen und Kompost, damit der Regen nicht zu viele Nähr~ stoffe auswäscht. Er versucht, wenig auf ihn zu treten, um die vielen kleinen Hohlräume zu erhalten.

Kompostherstellung

Hilf den Erwachsenen bei der Bodenpflege. Sammelt gemeinsam organische Abfälle ~ Gemüseabschnitte, Kaffee~ filter, Küchenpapier, Grasschnitt und dergleichen ~ und vermischt sie im Kompostbehälter. Nach einigen Monaten ist daraus feinkrümeliger dunkelbrauner Kompost entstanden, den du als milden Dünger ins Beet einarbeiten kannst.

SÄEN

Einen Aussaatkalender findest du auf S. 66.
Manche Samen zieht man drinnen auf der warmen Fenster~
bank in Töpfen vor. Andere sät man direkt ins Beet.

- Befolge die Anleitung auf der Samenpackung.

- Bereite ein Saatbett vor. Harke die umgegrabene Erde glatt und feinkrümelig.

- Markiere eine Reihe und ziehe mit einem Stock eine Rinne daran entlang.

- Streue Samen in die Rinne.

- Bedecke sie dünn mit Erde.

- Kümmere dich um die Sämlinge und gieße sie, falls nötig. Stehen sie zu dicht, benutze einen Eisstiel als Minispaten und pflanze sie auseinander, damit jeder Platz hat.

AUSPFLANZEN

Nicht alle Gartenpflanzen muss man selbst aus Samen ziehen.

JUNGPFLANZEN

Viele sogenannte „ausdauernde" Pflanzen leben viele Jahre. Man kann sie als Jungpflanzen im Topf kaufen. Pflanze sie, wenn sie heran~ wachsen, in größere Töpfe um, stelle sie an einen warmen, hellen Platz und gieße sie, wenn nötig. So werden sie wachsen und gedeihen.

KRÄUTER

Kräuter wie den Thymian kannst du im Garten auspflanzen (siehe S. 16).

Minze pflanzt du am besten in einen Topf, denn sonst breitet sie sich über Wurzeln und Ausläufer überall aus (siehe S. 17).

KARTOFFELN

Diese zieht man aus kleinen Knollen, den Saatkartoffeln. Alles über ihren Anbau auf S. 30.

ZWIEBELN PFLANZEN

ZWIEBELN

Narzissenzwiebeln vergräbt man im Herbst in der Erde. Im Frühling brin~ gen sie wunderschöne Blüten hervor.

ACHTUNG:
Iss niemals Narzissenzwiebeln, sie sind giftig!

Auch Zwiebel und Knoblauch sind Zwiebelpflanzen. Setze Steckzwiebeln und Knoblauchzehen im Frühling so, dass die obere Spitze gerade noch aus der Erde schaut. Sie wachsen den Sommer über und können im Herbst geerntet werden. Siehe S. 26.

PFLANZEN VERMEHREN

ERDBEERAUSLÄUFER
Trenne sie vorsichtig ab und
pflanze sie in Reihen oder Töpfe.

STECKLINGE
Manche Pflanzen treiben aus Stecklin~
gen Wurzeln. Abgeschnittene Zweiglein
von Johannis~ und Stachelbeeren
bilden in der Erde Wurzeln. Achte
darauf, dass sie richtig herum stehen.
Für die Wurzelbildung brauchen sie
etwa ein Jahr.

Tipp: Weidenzweige
wurzeln leicht. Stelle
sie eine Weile in
Wasser und gieße dann
andere Stecklinge
damit, das regt deren
Wurzelbildung an.

KALENDER

Legende:
- 🟦 Aussaat ins Beet
- 🟥 Aussaat in Töpfe
- 🟩 Auspflanzen
- 🟨 Ernte

	Frühling			Sommer		
	März	April	Mai	Juni	Juli	August
Kartoffeln		🟩	🟩			🟨
Tomaten	🟥		🟦	🟦	🟦	🟨
Erbsen	🟦	🟦	🟦	🟦	🟨	🟨
Bohnen		🟥	🟦	🟦	🟨	🟨
Grünkohl	🟦	🟦				🟨
Rotkohl	🟦	🟦				
Brokkoli (grün)	🟦	🟦				
Brokkoli (violett)	🟦	🟦				
Radieschen	🟦	🟦	🟨	🟦🟨	🟨	🟦🟨
Spinat	🟦	🟦	🟨	🟦🟨	🟨	🟦🟨
Salate	🟦	🟦	🟦🟨	🟨	🟦🟨	🟨
Rauke	🟦	🟦	🟨	🟦🟨	🟨	🟦🟨
Zucchini	🟥	🟥	🟩		🟨	🟨
Gartenkürbis	🟥	🟥	🟩			
Riesenkürbis	🟥	🟥	🟩			
Zuckermais	🟥		🟩			🟨
Knoblauch, Zwiebeln	🟩					🟨
Lauch	🟦	🟦	🟩			
Karotte, Rote Bete	🟦	🟦	🟦	🟨	🟨	🟨
Kräuter aus Samen	🟦	🟦	🟦	🟨	🟨	🟨
Blumen aus Samen	🟦	🟦	🟦			
Bohnensprossen, Senf~ und Kressesaat	🟦🟥	🟦🟥	🟦🟥	🟦🟥	🟦🟥	🟦🟥

Wann wird ausgepflanzt?

- Pflanze Beerenobst, Obstbäume 🌿 an einem milden Wintertag.
- Pflanze weichere, krautige Pflanzen 🌿 im Herbst oder Frühling, z. B. Rosmarin, Minze, Tränendes Herz und Gelenkblume.

Hier siehst du, wann es Zeit zum Aussäen, Pflanzen und Ernten ist.
In kälteren Gegenden brauchen die Pflanzen länger zum Wachsen.

	Herbst			Winter		
	September	Oktober	November	Dezember	Januar	Februar
Kartoffeln	gelb					
Tomaten	gelb	gelb				rosa
Erbsen	gelb	gelb				
Bohnen	gelb	gelb				
Grünkohl	gelb	gelb	gelb	gelb	gelb	
Rotkohl	gelb	gelb				
Brokkoli (grün)	gelb	gelb				
Brokkoli (violett)			gelb	gelb		
Radieschen	blau	gelb	gelb			
Spinat	gelb	gelb				
Salate	blau	gelb				
Rauke	blau	gelb		gelb		
Zucchini	gelb					
Gartenkürbis	gelb	gelb				
Riesenkürbis	gelb	gelb				
Zuckermais	gelb					
Knoblauch, Zwiebeln	gelb	gelb				
Lauch		gelb	gelb	gelb	gelb	gelb
Karotte, Rote Bete	gelb	gelb				
Kräuter aus Samen	gelb					
Blumen aus Samen						
Bohnensprossen, Senf~ und Kressesaat	blau/rosa	blau/rosa	blau/rosa	blau/rosa	blau/rosa	blau/rosa

Du kannst vielerlei Pflanzen im Garten ziehen. Hier sind drei
Tipps, die dir den Anfang leichter machen:
- Einfach zu ziehen: Rauke, Salat und Radieschen
- Wachsen gut im Topf: Schnittlauch, Tomaten und Basilikum
- Schmecken roh: Radieschen, Salat und Erbsen

REGISTER

PFLANZENLISTE

Mache bei den Pflanzen, die du gezogen hast, ein Häkchen.

☐	Apfel	☐	Lorbeer
☐	Basilikum	☐	Minze
☐	Blumenkohl	☐	Mungbohne (Sprossen)
☐	Brokkoli	☐	Narzisse
☐	Dill	☐	Pflaume
☐	Erbse	☐	Radieschen
☐	Erdbeere	☐	Rauke
☐	Feige	☐	Riesenkürbis
☐	Fetthenne	☐	Rosmarin
☐	Feuerbohne	☐	Rote Bete
☐	Gartenbohne	☐	Rote Johannisbeere
☐	Gartenkürbis	☐	Rotkohl
☐	Geißblatt	☐	Salat
☐	Gelenkblume	☐	Schnittlauch
☐	Grünkohl	☐	Schwarze Johannisbeere
☐	Himbeere	☐	Sonnenblume
☐	Karotte	☐	Stachelbeere
☐	Kartoffel	☐	Thymian
☐	Kapuzinerkresse	☐	Tomate
☐	Knoblauch	☐	Tränendes Herz
☐	Kopfsalat	☐	Zucchini
☐	Lauch	☐	Zuckermais
☐	Lavendel	☐	Zwiebel

MEIN GARTEN~NOTIZBUCH

Diese Seiten sind für deine Notizen reserviert. Schreibe alles auf, was du im Laufe des Jahres im Garten tust oder beobachtest.

Du kannst eine Art Gartentagebuch führen oder Pflanzen zeichnen, die du gern hättest. Vielleicht presst du hier deine Lieblingsblätter und ~blüten oder du klebst Fotos von den Dingen ein, die du für den Garten gebaut hast.

Nicht vergessen:
- Notiere dir, welche Wildtiere du im Garten beobachtet hast.
- Schreibe bei allen Einträgen das Datum dazu.

Später kannst du diese Aufzeichnungen vielleicht gut gebrauchen.

Die Überschriften auf den nächsten Seiten sind nur Vorschläge ~ nutze den Platz so, wie du es möchtest, und lasse deiner Fantasie freien Lauf.

VIEL SPASS BEIM GÄRTNERN!

DER GARTEN IM FRÜHLING

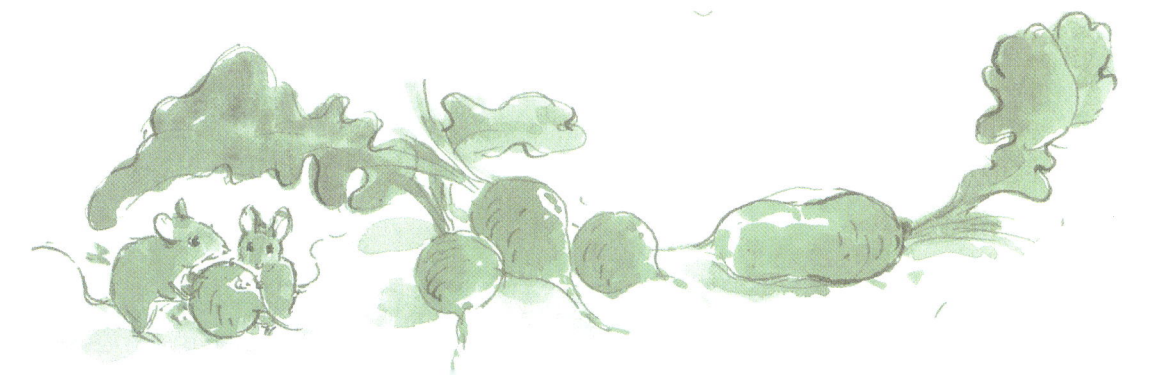

DER GARTEN IM SOMMER

DER GARTEN IM HERBST

DER GARTEN IM WINTER

Meinem Vater John, der mich in die Wunderwelt des Gärtnerns
einführte, als ich zwei Jahre alt war, und der mich bis heute
inspiriert. Danke! xxx ~ J. E.

Für Susan, meine Schwiegermutter mit dem grünen Daumen.
In Liebe x E. T.

Copyright der deutschsprachigen Ausgabe © 2016 Gerstenberg Verlag, Hildesheim.
Die Originalausgabe erschien unter dem Titel *A Little Guide to
Gardening* bei Eden Project Books, an Imprint of Random House Children's
Publishers UK, a Penguin Random House Company
Übersetzung aus dem Englischen: Jorunn Wissmann, Binnen
Alle deutschsprachigen Rechte vorbehalten.
Printed in China
www.gerstenberg-verlag.de
ISBN 978-3-8369-5876-9

Das Eden Project ist eine Stiftung in Cornwall, die Bildungs~
zwecke verfolgt. Der riesige botanische Garten mit den
größten Gewächshäusern der Welt entstand in einer ehema~
ligen Kaolingrube. Mit seinen Gärten, Ausstellungen, Ver~
anstaltungen und Projekten bringt Eden Menschen einander
und der Natur näher. www.edenproject.com